《企业会计准则第12号 ——债务重组》应用指南 2019

财政部会计司编写组　编著

中国财经出版传媒集团
中国财政经济出版社

图书在版编目（CIP）数据

《企业会计准则第 12 号——债务重组》应用指南.2019/财政部会计司编写组编著. -- 北京：中国财政经济出版社，2020.4
ISBN 978 - 7 - 5095 - 9731 - 6

Ⅰ.①企… Ⅱ.①财… Ⅲ.①企业 - 会计准则 - 中国 - 指南 Ⅳ.①F279.23 - 62

中国版本图书馆 CIP 数据核字（2020）第 049524 号

责任编辑：黄双蓉　　　　　责任校对：胡永立
封面设计：王　颖

中国财政经济出版社 出版

URL：http://www.cfeac.com
E-mail：cfeac@cfemg.cn

（版权所有　翻印必究）

社址：北京市海淀区阜成路甲 28 号　邮政编码：100142
营销中心电话：010 - 88191522
天猫网店：中国财政经济出版社旗舰店
http：//zgczjjcbs.tmall.com
北京时捷印刷有限公司印刷　各地新华书店经销
787×1092 毫米　16 开　2.75 印张　30 000 字
2020 年 4 月第 1 版　2020 年 8 月北京第 3 次印刷
定价：10.00 元
ISBN 978 - 7 - 5095 - 9731 - 6
（图书出现印装问题，本社负责调换）
本社质量投诉电话：010 - 88190744
打击盗版举报热线：010 - 88191661、QQ：2242791300

目 录

一、总体要求 / 1

二、关于债务重组的定义和方式 / 3
 （一）债务重组的定义 / 3
 （二）债务重组的方式 / 4

三、关于适用范围 / 6

四、关于债权和债务的终止确认 / 8
 （一）以资产清偿债务或将债务转为权益工具 / 8
 （二）修改其他条款 / 9
 （三）组合方式 / 9

五、关于债权人的会计处理 / 11
 （一）以资产清偿债务或将债务转为权益工具 / 11
 （二）修改其他条款 / 13
 （三）组合方式 / 13

六、关于债务人的会计处理 / 14
 （一）债务人以资产清偿债务 / 14
 （二）债务人将债务转为权益工具 / 15
 （三）修改其他条款 / 15
 （四）组合方式 / 16

七、相关示例 / 17

八、关于债务重组的相关披露 / 25

九、关于新旧准则的衔接规定 / 26

附录一　企业会计准则第 12 号——债务重组 / 27

附录二　《企业会计准则第 12 号——债务重组》修订说明 / 32

一、总体要求[①]

《企业会计准则第 12 号——债务重组》（以下简称本准则）规范了债务重组的确认、计量和相关信息的披露。

本准则明确了债务重组的定义，债务重组是指在不改变交易对手方的情况下，经债权人和债务人协定或法院裁定，就清偿债务的时间、金额或方式等重新达成协议的交易。债务重组涉及的债权和债务是指《企业会计准则第 22 号——金融工具确认和计量》规范的金融工具。债务重组方式主要包括采用债务人以资产清偿债务、债务人将债务转为权益工具、修改其他条款方式，以及上述一种以上方式的组合。

本准则规定，债务重组采用以资产清偿债务方式，或者采用将债务转为权益工具方式且导致债权人将债权转为对联营企业或合营企业的权益性投资的，债权人初始确认受让的非金融资产应当以成本计量。债务重组采用债务人以多项资产清偿债务或者组合方式的，债权人应当首先按照《企业会计准则第 22 号——金融工具确认和计量》的规定，确认和计量受让的金融资产和重组债权，然后按照受让各项非金融资产的公允价值比例，对放弃债权的公允价值扣除受让金融资产和重组债权确认金额后的净额进行分配，并以此为基础分别确定各项资产的成本。放弃债权的公允价值与账面价值之间的差额，应当计入当期损益。

本准则规定，债务重组采用将债务转为权益工具方式的，债务人初始确认权益工具时应当按照权益工具的公允价值计量；权益工具的公允价值不能可靠计量的，应当按照所清偿债务的公允价值计

[①] 本应用指南适用于执行财政部 2017 年修订印发的《企业会计准则第 22 号——金融工具确认和计量》的企业，其他企业参照执行。

量。债务人所清偿债务账面价值与权益工具确认金额之间的差额，应当计入当期损益。债务重组采用债务人以多项资产清偿债务或者组合方式的，所清偿债务的账面价值与转让资产的账面价值以及权益工具和重组债务的确认金额之和的差额，应当计入当期损益。

债权人应当在附注中根据债务重组方式分组披露债权账面价值和债务重组相关损益，以及债务重组导致的对联营企业或合营企业的权益性投资增加额、该投资占联营企业或合营企业股份总额的比例。债务人应当在附注中根据债务重组方式分组披露债务账面价值和债务重组相关损益，以及债务重组导致的股本等所有者权益的增加额。

二、关于债务重组的定义和方式

（一）债务重组的定义

债务重组涉及债权人和债务人，对债权人而言为"债权重组"，对债务人而言为"债务重组"，为便于表述统称为"债务重组"。根据本准则的规定，债务重组，是指在不改变交易对手方的情况下，经债权人和债务人协定或法院裁定，就清偿债务的时间、金额或方式等重新达成协议的交易。

1. 关于交易对手方

本准则中的债务重组是在不改变交易对手方的情况下进行的交易。实务中经常出现第三方参与相关交易的情形，例如，某公司以不同于原合同条款的方式代债务人向债权人偿债；又如，新组建的公司承接原债务人的债务，与债权人进行债务重组；再如，资产管理公司从债权人处购得债权，再与债务人进行债务重组。在上述情形下，企业应当首先考虑债权和债务是否发生终止确认，适用《企业会计准则第22号——金融工具确认和计量》和《企业会计准则第23号——金融资产转移》等准则，再就债务重组交易适用本准则。

本准则规范的债务重组不强调在债务人发生财务困难的背景下进行，也不论债权人是否作出让步。也就是说，无论何种原因导致债务人未按原定条件偿还债务，也无论双方是否同意债务人以低于债务的金额偿还债务，只要债权人和债务人就债务条款重新达成了协议，就符合债务重组的定义，属于本准则规范的范围。例如，债权人在减免债务人部分债务本金的同时提高剩余债务的利息，或者债权人同意债务人用等值库存商品抵偿到期债务等，均属于本准则规范的债务重组。

2. 关于债权和债务的范围

本准则中的债务重组涉及的债权和债务，是指《企业会计准则第 22 号——金融工具确认和计量》规范的债权和债务，针对合同资产、合同负债、预计负债等进行的交易安排，不属于本准则规范的范围，针对租赁应收款和租赁应付款的债务重组，属于本准则规范的范围。

（二）债务重组的方式

债务重组的方式主要包括：债务人以资产清偿债务、将债务转为权益工具、修改其他条款，以及前述一种以上方式的组合。这些债务重组方式都是通过债权人和债务人重新协定或者法院裁定达成的，与原来约定的偿债方式不同。

1. 债务人以资产清偿债务

债务人以资产清偿债务，是债务人转让其资产给债权人以清偿债务的债务重组方式。债务人用于偿债的资产通常是已经在资产负债表中确认的资产，例如，现金、应收账款、长期股权投资、投资性房地产、固定资产、在建工程、生物资产、无形资产等。债务人以日常活动产出的商品或服务清偿债务的，用于偿债的资产可能体现为存货等资产。

在受让上述资产后，按照相关会计准则要求及本企业会计核算要求，债权人核算相关受让资产的类别可能与债务人不同。例如，债务人以作为固定资产核算的房产清偿债务，债权人可能将受让的房产作为投资性房地产核算；债务人以部分长期股权投资清偿债务，债权人可能将受让的投资作为金融资产核算；债务人以存货清偿债务，债权人可能将受让的资产作为固定资产核算等。

除上述已经在资产负债表中确认的资产外，债务人也可能以不符合确认条件而未予确认的资产清偿债务。例如，债务人以未确认的内部产生品牌清偿债务，债权人在获得的商标权符合无形资产确认条件的前提下作为无形资产核算。在少数情况下，债务人还可能以处置组（即一组资产和与这些资产直接相关的负债）清偿债务。

2. 债务人将债务转为权益工具

债务人将债务转为权益工具，这里的权益工具，是指根据《企业会计准则第37号——金融工具列报》分类为"权益工具"的金融工具，会计处理上体现为股本、实收资本、资本公积等科目。

实务中，有些债务重组名义上采用"债转股"的方式，但同时附加相关条款，如约定债务人在未来某个时点有义务以某一金额回购股权，或债权人持有的股份享有强制分红权等。对于债务人，这些"股权"可能并不是根据《企业会计准则第37号——金融工具列报》分类为权益工具的金融工具，从而不属于债务人将债务转为权益工具的债务重组方式。债权人和债务人还可能协议以一项同时包含金融负债成分和权益工具成分的复合金融工具替换原债权债务，这类交易也不属于债务人将债务转为权益工具的债务重组方式。

3. 修改其他条款

修改债权和债务的其他条款，是债务人不以资产清偿债务，也不将债务转为权益工具，而是改变债权和债务的其他条款的债务重组方式，如调整债务本金、改变债务利息、变更还款期限等。经修改其他条款的债权和债务分别形成重组债权和重组债务。

4. 组合方式

组合方式，是采用债务人以资产清偿债务、债务人将债务转为权益工具、修改其他条款三种方式中一种以上方式的组合清偿债务的债务重组方式。例如，债权人和债务人约定，由债务人以机器设备清偿部分债务，将另一部分债务转为权益工具，调减剩余债务的本金，但利率和还款期限不变；再如，债务人以现金清偿部分债务，同时将剩余债务展期等。

三、关于适用范围

本准则规范了债务重组的确认、计量和相关信息的披露。经法院裁定进行债务重整并按持续经营进行会计核算的，适用于本准则。债务人在破产清算期间进行的债务重组不属于本准则规范的范围，应当按照企业破产清算有关会计处理规定处理。

对于符合本准则定义的债务重组，应当按照本准则进行会计处理，但下列各项不属于本准则规范范围：

一是债务重组中涉及的债权、重组债权、债务、重组债务和其他金融工具的确认、计量和列报，适用《企业会计准则第22号——金融工具确认和计量》和《企业会计准则第37号——金融工具列报》等金融工具相关准则。

二是通过债务重组形成企业合并的，适用《企业会计准则第20号——企业合并》。债务人以股权投资清偿债务或者将债务转为权益工具，可能对应导致债权人取得被投资单位或债务人控制权，在债权人的个别财务报表层面和合并财务报表层面，债权人取得长期股权投资或者资产和负债的确认和计量适用《企业会计准则第20号——企业合并》的有关规定。

三是债务重组构成权益性交易的，应当适用权益性交易的有关会计处理规定，债权人和债务人不确认构成权益性交易的债务重组相关损益。债务重组构成权益性交易的情形包括：（1）债权人直接或间接对债务人持股，或者债务人直接或间接对债权人持股，且持股方以股东身份进行债务重组；（2）债权人与债务人在债务重组前后均受同一方或相同的多方最终控制，且该债务重组的交易实质是债权人或债务人进行了权益性分配或接受了权益性投入。

例如，甲公司是乙公司股东，为了弥补乙公司临时性经营现金流短缺，甲公司向乙公司提供1 000万元无息借款，并约定于6个月后收回。借款期满时，尽管乙公司具有充足的现金流，甲公司仍然决定免除乙公司部分本金还款义务，仅收回200万元借款。在此项交易中，如果甲公司不以股东身份而是以市场交易者身份参与交易，在乙公司具有足够偿债能力的情况下不会免除其部分本金。因此，甲公司和乙公司应当将该交易作为权益性交易，不确认债务重组相关损益。

债务重组中不属于权益性交易的部分仍然适用本准则。例如，假设前例中债务人乙公司确实出现财务困难，其他债权人对其债务普遍进行了减半的豁免，那么甲公司作为股东比其他债务人多豁免300万元债务的交易应当作为权益性交易，正常豁免500万元债务的交易适用本准则。

企业在判断债务重组是否构成权益性交易时，应当遵循实质重于形式原则。例如，假设债权人对债务人的权益性投资通过其他人代持，债权人不具有股东身份，但实质上以股东身份进行债务重组，债权人和债务人应当认为该债务重组构成权益性交易。

四、关于债权和债务的终止确认

债务重组中涉及的债权和债务的终止确认,应当遵循《企业会计准则第 22 号——金融工具确认和计量》和《企业会计准则第 23 号——金融资产转移》有关金融资产和金融负债终止确认的规定。债权人在收取债权现金流量的合同权利终止时终止确认债权,债务人在债务的现时义务解除时终止确认债务。

由于债权人与债务人之间进行的债务重组涉及债权和债务的认定,以及清偿方式和期限等的协商,通常需要经历较长时间,例如破产重整中进行的债务重组。只有在符合上述终止确认条件时才能终止确认相关债权和债务,并确认债务重组相关损益。对于在报告期间已经开始协商、但在报告期资产负债表日后的债务重组,不属于资产负债表日后调整事项。

对于终止确认的债权,债权人应当结转已计提的减值准备中对应该债权终止确认部分的金额。对于终止确认的分类为以公允价值计量且其变动计入其他综合收益的债权,之前计入其他综合收益的累计利得或损失应当从其他综合收益中转出,记入"投资收益"科目。

(一)以资产清偿债务或将债务转为权益工具

对于以资产清偿债务或者将债务转为权益工具方式进行的债务重组,由于债权人在拥有或控制相关资产时,通常其收取债权现金流量的合同权利也同时终止,债权人一般可以终止确认该债权。同样地,由于债务人通过交付资产或权益工具解除了其清偿债务的现时义务,债务人一般可以终止确认该债务。

（二）修改其他条款

对于债权人，债务重组通过调整债务本金、改变债务利息、变更还款期限等修改合同条款方式进行的，合同修改前后的交易对手方没有发生改变，合同涉及的本金、利息等现金流量很难在本息之间及债务重组前后作出明确分割，即很难单独识别合同的特定可辨认现金流量。因此通常情况下，应当整体考虑是否对全部债权的合同条款作出了实质性修改。如果作出实质性修改，或者债权人与债务人之间签订协议，以获取实质上不同的新金融资产方式替换债权，应当终止确认原债权，并按照修改后的条款或新协议确认新金融资产。

对于债务人，如果对债务或部分债务的合同条款作出实质性修改形成重组债务，或者债权人与债务人之间签订协议，以承担实质上不同的重组债务方式替换债务，债务人应当终止确认原债务，同时按照修改后的条款确认一项新金融负债。其中，如果重组债务未来现金流量（包括支付和收取的某些费用）现值与原债务的剩余期间现金流量现值之间的差异超过10%，则意味着新的合同条款进行了实质性修改或者重组债务是实质上不同的，有关现值的计算均采用原债务的实际利率。

（三）组合方式

对于债权人，与上述"修改其他条款"部分的分析类似，通常情况下应当整体考虑是否终止确认全部债权。由于组合方式涉及多种债务重组方式，一般可以认为对全部债权的合同条款作出了实质性修改，从而终止确认全部债权，并按照修改后的条款确认新金融资产。

对于债务人，组合中以资产清偿债务或者将债务转为权益工具方式进行的债务重组,如果债务人清偿该部分债务的现时义务已经解除,应当终止确认该部分债务。组合中以修改其他条款方式进行的债务重组,需要根据具体情况,判断对应的部分债务是否满足终止确认条件。

五、关于债权人的会计处理

（一）以资产清偿债务或将债务转为权益工具

债务重组采用以资产清偿债务或者将债务转为权益工具方式进行的，债权人应当在受让的相关资产符合其定义和确认条件时予以确认。

1. 债权人受让金融资产

债权人受让包括现金在内的单项或多项金融资产的，应当按照《企业会计准则第 22 号——金融工具确认和计量》的规定进行确认和计量。金融资产初始确认时应当以其公允价值计量。金融资产确认金额与债权终止确认日账面价值之间的差额，记入"投资收益"科目，但收取的金融资产的公允价值与交易价格（即放弃债权的公允价值）存在差异的，应当按照《企业会计准则第 22 号——金融工具确认和计量》第三十四条的规定处理。

2. 债权人受让非金融资产

债权人初始确认受让的金融资产以外的资产时，应当按照下列原则以成本计量：（1）存货的成本，包括放弃债权的公允价值，以及使该资产达到当前位置和状态所发生的可直接归属于该资产的税金、运输费、装卸费、保险费等其他成本。（2）对联营企业或合营企业投资的成本，包括放弃债权的公允价值，以及可直接归属于该资产的税金等其他成本。（3）投资性房地产的成本，包括放弃债权的公允价值，以及可直接归属于该资产的税金等其他成本。（4）固定资产的成本，包括放弃债权的公允价值，以及使该资产达到预定可使用状态前所发生的可直接归属于该资产的税金、运输费、装卸费、安装费、专业人员服务费等其他成本。确定固定资产成本时，应当考虑预计弃置费用因素。（5）生物资产的成本，包括放弃债权的公允价值，以及可直接归属于该资产的税金、运输费、保险费等其他成本。（6）无形资产的成本，包括放弃债权的公允价值，以及可直接归属于使该资产达到预定用途所发生的税金等其他成本。放弃债权的公允价值与账面价值之间的差额，记入"投资收益"科目。

3. 债权人受让多项资产

债权人受让多项非金融资产，或者包括金融资产、非金融资产在内的多项资产的，应当按照《企业会计准则第22号——金融工具确认和计量》的规定确认和计量受让的金融资产；按照受让的金融资产以外的各项资产在债务重组合同生效日的公允价值比例，对放弃债权在合同生效日的公允价值扣除受让金融资产当日公允价值后的净额进行分配，并以此为基础分别确定各项资产的成本。放弃债权的公允价值与账面价值之间的差额，记入"投资收益"科目。

4. 债权人受让处置组

债务人以处置组清偿债务的，债权人应当分别按照《企业会计准则第22号——金融工具确认和计量》和其他相关准则的规定，对处置组中的金融资产和负债进行初始计量，然后按照金融资产以外的各项资产在债务重组合同生效日的公允价值比例，对放弃债权在合同生效日的公允价值以及承担的处置组中负债的确认金额之和，扣除受让金融资产当日公允价值后的净额进行分配，并以此为基础分别确定各项资产的成本。放弃债权的公允价值与账面价值之间的差额，记入"投资收益"科目。

5. 债权人将受让的资产或处置组划分为持有待售类别

债务人以资产或处置组清偿债务，且债权人在取得日未将受让的相关资产或处置组作为非流动资产和非流动负债核算，而是将其划分为持有待售类别的，债权人应当在初始计量时，比较假定其不划分为持有待售类别情况下的初始计量金额和公允价值减去出售费用后的净额，以两者孰低计量。

（二）修改其他条款

债务重组采用以修改其他条款方式进行的，如果修改其他条款导致全部债权终止确认，债权人应当按照修改后的条款以公允价值初始计量重组债权，重组债权的确认金额与债权终止确认日账面价值之间的差额，记入"投资收益"科目。

如果修改其他条款未导致债权终止确认，债权人应当根据其分类，继续以摊余成本、以公允价值计量且其变动计入其他综合收益，或者以公允价值计量且其变动计入当期损益进行后续计量。对于以摊余成本计量的债权，债权人应当根据重新议定合同的现金流量变化情况，重新计算该重组债权的账面余额，并将相关利得或损失记入"投资收益"科目。重新计算的该重组债权的账面余额，应当根据将重新议定或修改的合同现金流量按债权原实际利率折现的现值确定，购买或源生的已发生信用减值的重组债权，应按经信用调整的实际利率折现。对于修改或重新议定合同所产生的成本或费用，债权人应当调整修改后的重组债权的账面价值，并在修改后重组债权的剩余期限内摊销。

（三）组合方式

债务重组采用组合方式进行的，一般可以认为对全部债权的合同条款作出了实质性修改，债权人应当按照修改后的条款，以公允价值初始计量重组债权和受让的新金融资产，按照受让的金融资产以外的各项资产在债务重组合同生效日的公允价值比例，对放弃债权在合同生效日的公允价值扣除重组债权和受让金融资产当日公允价值后的净额进行分配，并以此为基础分别确定各项资产的成本。放弃债权的公允价值与账面价值之间的差额，记入"投资收益"科目。

六、关于债务人的会计处理

（一）债务人以资产清偿债务

债务重组采用以资产清偿债务方式进行的，债务人应当将所清偿债务账面价值与转让资产账面价值之间的差额计入当期损益。

1. 债务人以金融资产清偿债务

债务人以单项或多项金融资产清偿债务的，债务的账面价值与偿债金融资产账面价值的差额，记入"投资收益"科目。偿债金融资产已计提减值准备的，应结转已计提的减值准备。对于以分类为以公允价值计量且其变动计入其他综合收益的债务工具投资清偿债务的，之前计入其他综合收益的累计利得或损失应当从其他综合收益中转出，记入"投资收益"科目。对于以指定为以公允价值计量且其变动计入其他综合收益的非交易性权益工具投资清偿债务的，之前计入其他综合收益的累计利得或损失应当从其他综合收益中转出，记入"盈余公积""利润分配——未分配利润"等科目。

2. 债务人以非金融资产清偿债务

债务人以单项或多项非金融资产（如固定资产、日常活动产出的商品或服务等）清偿债务，或者以包括金融资产和非金融资产在内的多项资产清偿债务的，不需要区分资产处置损益和债务重组损益，也不需要区分不同资产的处置损益，而应将所清偿债务账面价值与转让资产账面价值之间的差额，记入"其他收益——债务重组收益"科目。偿债资产已计提减值准备的，应结转已计提的减值准备。

债务人以包含非金融资产的处置组清偿债务的，应当将所清偿债务和处置组中负债的账面价值之和，与处置组中资产的账面价值之间的差额,记入"其他收益——债务重组收益"科目。处置组所属的资产组或资产组组合按照《企业会计准则第8号——资产减值》分摊了企业合并中取得的商誉的,该处置组应当包含分摊至处置组的商誉。处置组中的资产已计提减值准备的,应结转已计提的减值准备。

(二) 债务人将债务转为权益工具

债务重组采用将债务转为权益工具方式进行的,债务人初始确认权益工具时,应当按照权益工具的公允价值计量,权益工具的公允价值不能可靠计量的,应当按照所清偿债务的公允价值计量。所清偿债务账面价值与权益工具确认金额之间的差额,记入"投资收益"科目。债务人因发行权益工具而支出的相关税费等,应当依次冲减资本溢价、盈余公积、未分配利润等。

(三) 修改其他条款

债务重组采用修改其他条款方式进行的,如果修改其他条款导致债务终止确认,债务人应当按照公允价值计量重组债务,终止确认的债务账面价值与重组债务确认金额之间的差额,记入"投资收益"科目。

如果修改其他条款未导致债务终止确认,或者仅导致部分债务终止确认,对于未终止确认的部分债务,债务人应当根据其分类,继续以摊余成本、以公允价值计量且其变动计入当期损益或其他适当方法进行后续计量。对于以摊余成本计量的债务,债务人应当根据重新议定合同的现金流量变化情况,重新计算该重组债务的账面价值,并将相关利得或损失记入"投资收益"科目。重新计算的该重组债务的账面价值,应当根据将重新议定或修改的合同现金流量按债务的原实际利率或按《企业会计准则第24号——套期会计》第二十三条规定的重新计算的实际利率（如适用）折现的现值确定。对于修改或重新议定合同所产生的成本或费用，债务人应当调整修改后的重组债务的账面价值，并在修改后重组债务的剩余期限内摊销。

（四）组合方式

债务重组采用以资产清偿债务、将债务转为权益工具、修改其他条款等方式的组合进行的，对于权益工具，债务人应当在初始确认时按照权益工具的公允价值计量，权益工具的公允价值不能可靠计量的，应当按照所清偿债务的公允价值计量。对于修改其他条款形成的重组债务，债务人应当参照上文"六（三）修改其他条款"部分的指南，确认和计量重组债务。所清偿债务的账面价值与转让资产的账面价值以及权益工具和重组债务的确认金额之和的差额，记入"其他收益——债务重组收益"或"投资收益"（仅涉及金融工具时）科目。

七、相关示例

【例1】 2×20年6月18日,甲公司向乙公司销售商品一批,应收乙公司款项的入账金额为95万元。甲公司将该应收款项分类为以摊余成本计量的金融资产。乙公司将该应付账款分类为以摊余成本计量的金融负债。2×20年10月18日,双方签订债务重组合同,乙公司以一项作为无形资产核算的非专利技术偿还该欠款。该无形资产的账面余额为100万元,累计摊销额为10万元,已计提减值准备2万元。10月22日,双方办理完成该无形资产转让手续,甲公司支付评估费用4万元。当日,甲公司应收款项的公允价值为87万元,已计提坏账准备7万元,乙公司应付款项的账面价值仍为95万元。假设不考虑相关税费。

（一）债权人的会计处理

2×20年10月22日,债权人甲公司取得该无形资产的成本为债权公允价值（87万元）与评估费用（4万元）的合计（91万元）。甲公司的账务处理如下：

借：无形资产　　　　　　　　　　　　　910 000
　　坏账准备　　　　　　　　　　　　　 70 000
　　投资收益　　　　　　　　　　　　　 10 000
　　贷：应收账款　　　　　　　　　　　950 000
　　　　银行存款　　　　　　　　　　　 40 000

（二）债务人的会计处理

乙公司10月22日的账务处理如下：

借：应付账款　　　　　　　　　　　　　950 000
　　累计摊销　　　　　　　　　　　　　100 000
　　无形资产减值准备　　　　　　　　　 20 000

贷：无形资产 1 000 000
　　其他收益——债务重组收益 70 000

承［例1］，假设甲公司管理层决议，受让该非专利技术后将在半年内将其出售，当日无形资产的公允价值为87万元，预计未来出售该非专利技术时将发生1万元的出售费用，该非专利技术满足持有待售资产确认条件。

分析：10月22日，甲公司对该非专利技术进行初始确认时，按照无形资产入账（91万元）与公允价值减出售费用（87－1＝86万元）孰低计量。债权人甲公司的账务处理如下：

借：持有待售资产——无形资产 860 000
　　坏账准备 70 000
　　资产减值损失 60 000
　贷：应收账款 950 000
　　　银行存款 40 000

【例2】2×19年2月10日，甲公司从乙公司购买一批材料，约定6个月后甲公司应结清款项100万元（假定无重大融资成分）。乙公司将该应收款项分类为以公允价值计量且其变动计入当期损益的金融资产；甲公司将该应付款项分类为以摊余成本计量的金融负债。2×19年8月12日，甲公司因无法支付货款与乙公司协商进行债务重组，双方商定乙公司将该债权转为对甲公司的股权投资。10月20日，乙公司办结了对甲公司的增资手续，甲公司和乙公司分别支付手续费等相关费用1.5万元和1.2万元。债转股后甲公司总股本为100万元，乙公司持有的抵债股权占甲公司总股本的25%，对甲公司具有重大影响，甲公司股权公允价值不能可靠计量。甲公司应付款项的账面价值仍为100万元。

2×19年6月30日，应收款项和应付款项的公允价值均为85万元。

2×19年8月12日，应收款项和应付款项的公允价值均为76万元。

2×19年10月20日，应收款项和应付款项的公允价值仍为76万元。

假定不考虑其他相关税费。

（一）债权人的会计处理

乙公司的账务处理如下：

（1）6月30日

借：公允价值变动损益　　　　　　　　　　150 000
　　贷：交易性金融资产——公允价值变动　　　150 000

（2）8月12日

借：公允价值变动损益　　　　　　　　　　90 000
　　贷：交易性金融资产——公允价值变动　　　90 000

（3）10月20日，乙公司对甲公司长期股权投资的成本为应收款项公允价值（76万元）与相关税费（1.2万元）的合计77.2万元。

借：长期股权投资——甲公司　　　　　　　772 000
　　交易性金融资产——公允价值变动　　　240 000
　　贷：交易性金融资产——成本　　　　　　1 000 000
　　　　银行存款　　　　　　　　　　　　　　12 000

（二）债务人的会计处理

10月20日，由于甲公司股权的公允价值不能可靠计量，初始确认权益工具公允价值时应当按照所清偿债务的公允价值76万元计量，并扣除因发行权益工具支出的相关税费1.5万元。甲公司的账务处理如下：

借：应付账款　　　　　　　　　　　　　　1 000 000
　　贷：实收资本　　　　　　　　　　　　　　250 000
　　　　资本公积——资本溢价　　　　　　　　495 000
　　　　银行存款　　　　　　　　　　　　　　15 000

投资收益　　　　　　　　　　　　　　　　　240 000

【例3】2×19年11月5日，甲公司向乙公司赊购一批材料，含税价为234万元。2×20年9月10日，甲公司因发生财务困难，无法按合同约定偿还债务，双方协商进行债务重组。乙公司同意甲公司用其生产的商品、作为固定资产管理的机器设备和一项债券投资抵偿欠款。当日，该债权的公允价值为210万元，甲公司用于抵债的商品市价（不含增值税）为90万元，抵债设备的公允价值为75万元，用于抵债的债券投资市价为23.55万元。

抵债资产于2×20年9月20日转让完毕，甲公司发生设备运输费用0.65万元，乙公司发生设备安装费用1.5万元。

乙公司以摊余成本计量该项债权。2×20年9月20日，乙公司对该债权已计提坏账准备19万元，债券投资市价为21万元。乙公司将受让的商品、设备和债券投资分别作为低值易耗品、固定资产和以公允价值计量且其变动计入当期损益的金融资产核算。

甲公司以摊余成本计量该项债务。2×20年9月20日，甲公司用于抵债的商品成本为70万元；抵债设备的账面原价为150万元，累计折旧为40万元，已计提减值准备18万元；甲公司以摊余成本计量用于抵债的债券投资，债券票面价值总额为15万元，票面利率与实际利率一致，按年付息，假定甲公司尚未对债券确认利息收入。当日，该项债务的账面价值仍为234万元。

甲、乙公司均为增值税一般纳税人，适用增值税率为13%，经税务机关核定，该项交易中商品和设备的计税价格分别为90万元和75万元。不考虑其他相关税费。

（一）债权人的会计处理

低值易耗品可抵扣增值税＝90×13%＝11.7（万元）

设备可抵扣增值税＝75×13%＝9.75（万元）

低值易耗品和固定资产的成本应当以其公允价值比例（90∶75）

对放弃债权公允价值扣除受让金融资产公允价值后的净额进行分配后的金额为基础确定。

低值易耗品的成本 = 90/(90 + 75) × (210 - 23.55 - 11.7 - 9.75) = 90（万元）

固定资产的成本 = 75/(90 + 75) × (210 - 23.55 - 11.7 - 9.75) = 75（万元）

2×20年9月20日，乙公司的账务处理如下：

（1）结转债务重组相关损益

借：低值易耗品	900 000
在建工程——在安装设备	750 000
应交税费——应交增值税	214 500
交易性金融资产	210 000
坏账准备	190 000
投资收益	75 500
贷：应收账款——甲公司	2 340 000

（2）支付安装费用

借：在建工程——在安装设备	15 000
贷：银行存款	15 000

（3）安装完毕达到可使用状态

借：固定资产——××设备	765 000
贷：在建工程——在安装设备	765 000

（二）债务人的会计处理

甲公司9月20日的账务处理如下：

借：固定资产清理	920 000
累计折旧	400 000
固定资产减值准备	180 000
贷：固定资产	1 500 000

借：固定资产清理	6 500
贷：银行存款	6 500
借：应付账款	2 340 000
贷：固定资产清理	926 500
库存商品	700 000
应交税费——应交增值税	214 500
债权投资——面值	150 000
其他收益——债务重组收益	349 000

【例4】A公司为上市公司，2×16年1月1日，A公司取得B银行贷款5 000万元，约定贷款期限为4年（即2×19年12月31日到期），年利率6%，按年付息，A公司已按时支付所有利息。2×19年12月31日，A公司出现严重资金周转问题，多项债务违约，信用风险增加，无法偿还贷款本金。2×20年1月10日，B银行同意与A公司就该项贷款重新达成协议，新协议约定：（1）A公司将一项作为固定资产核算的房产转让给B银行，用于抵偿债务本金1 000万元，该房产账面原值1 200万元，累计折旧400万元，未计提减值准备；（2）A公司向B银行增发股票500万股，面值1元/股，占A公司股份总额的1%，用于抵偿债务本金2 000万元，A公司股票于2×20年1月10日的收盘价为4元/股；（3）在A公司履行上述偿债义务后，B银行免除A公司500万元债务本金，并将尚未偿还的债务本金1 500万元展期至2×20年12月31日，年利率8%；如果A公司未能履行（1）（2）所述偿债义务，B银行有权终止债务重组协议，尚未履行的债权调整承诺随之失效。

B银行以摊余成本计量该贷款，已计提贷款损失准备300万元。该贷款于2×20年1月10日的公允价值为4 600万元，予以展期的贷款的公允价值为1 500万元。2×20年3月2日，双方办理完成房产转让手续，B银行将该房产作为投资性房地产核算。2×20年3月

31日，B银行为该笔贷款补提了100万元的损失准备。2×20年5月9日，双方办理完成股权转让手续，B银行将该股权投资分类为以公允价值计量且其变动计入当期损益的金融资产，A公司股票当日收盘价为4.02元/股。

A公司以摊余成本计量该贷款，截至2×20年1月10日，该贷款的账面价值为5 000万元。不考虑相关税费。

（一）债权人的会计处理

A公司与B银行以组合方式进行债务重组，同时涉及以资产清偿债务、将债务转为权益工具、包括债务豁免的修改其他条款等方式，可以认为对全部债权的合同条款作出了实质性修改，债权人在收取债权现金流量的合同权利终止时应当终止确认全部债权，即在2×20年5月9日该债务重组协议的执行过程和结果不确定性消除时，可以确认债务重组相关损益，并按照修改后的条款确认新金融资产。

债权人B银行的账务处理如下：

（1）3月2日

投资性房地产成本＝放弃债权公允价值4 600－受让股权公允价值2 000－重组债权公允价值1 500＝1 100（万元）

借：投资性房地产		11 000 000
贷：贷款——本金		11 000 000

（2）3月31日

借：信用减值损失		1 000 000
贷：贷款损失准备		1 000 000

（3）5月9日

受让股权的公允价值＝4.02×500＝2 010（万元）

借：交易性金融资产		20 100 000
贷款——本金		15 000 000
贷款损失准备		4 000 000

贷：贷款——本金 39 000 000
　　　投资收益 100 000

（二）债务人的会计处理

该债务重组协议的执行过程和结果不确定性于2×20年5月9日消除时，债务人清偿该部分债务的现时义务已经解除，可以确认债务重组相关损益，并按照修改后的条款确认新金融负债。

债务人A公司的账务处理如下：

(1) 3月2日

借：固定资产清理 8 000 000
　　累计折旧 4 000 000
　　贷：固定资产 12 000 000
借：长期借款——本金 8 000 000
　　贷：固定资产清理 8 000 000

(2) 5月9日

借款的新现金流量现值 = 1 500×(1+8%)/(1+6%) = 1 528.5（万元）

现金流变化 = (1 528.5 – 1 500)/1 500 = 1.9% < 10%

因此，针对1 500万元本金部分的合同条款的修改不构成实质性修改，不终止确认该部分负债。

借：长期借款——本金 42 000 000
　　贷：股本 5 000 000
　　　　资本公积 15 100 000
　　　　长期借款——本金 15 285 000
　　　　其他收益——债务重组收益 6 615 000

本例中，即使没有"A公司未能履行（1）（2）所述偿债义务，B银行有权终止债务重组协议，尚未履行的债权调整承诺随之失效"的条款，债务人仍然应当谨慎处理，考虑在债务的现时义务解除时终止确认原债务。

八、关于债务重组的相关披露

本准则规定，债务重组中涉及的债权、重组债权、债务、重组债务和其他金融工具的披露，应当按照《企业会计准则第37号——金融工具列报》的规定处理。此外，债权人和债务人还应当在附注中披露与债务重组有关的额外信息。

债权人应当在附注中披露与债务重组有关的下列信息：（1）根据债务重组方式，分组披露债权账面价值和债务重组相关损益。分组时，债权人可以按照以资产清偿债务方式、将债务转为权益工具方式、修改其他条款方式、组合方式为标准分组，也可以根据重要性原则以更细化的标准分组。（2）债务重组导致的对联营企业或合营企业的权益性投资增加额，以及该投资占联营企业或合营企业股份总额的比例。

债务人应当在附注中披露与债务重组有关的下列信息：（1）根据债务重组方式，分组披露债务账面价值和债务重组相关损益。分组的标准与对债权人的要求类似。（2）债务重组导致的股本等所有者权益的增加额。

报表使用者可能关心与债务重组相关的其他信息，例如，债权人和债务人是否具有关联方关系；又如，如何确定债务转为权益工具方式中的权益工具以及修改其他条款方式中的重组债权或重组债务等的公允价值；再如，是否存在与债务重组相关的或有事项等，企业应当根据《企业会计准则第13号——或有事项》《企业会计准则第22号——金融工具确认和计量》《企业会计准则第36号——关联方披露》《企业会计准则第37号——金融工具列报》《企业会计准则第39号——公允价值计量》等准则规定，披露相关信息。

九、关于新旧准则的衔接规定

企业对施行日及之后发生的债务重组采用未来适用法处理。对于 2019 年 1 月 1 日至本准则施行日之间发生的债务重组,企业应当根据本准则进行调整。对于 2019 年 1 月 1 日前发生的债务重组,企业无须进行调整。

附录一

企业会计准则第 12 号 ——债务重组

(2019 年 5 月 16 日　财会〔2019〕9 号)

第一章　总　　则

第一条　为了规范债务重组的确认、计量和相关信息的披露，根据《企业会计准则——基本准则》，制定本准则。

第二条　债务重组，是指在不改变交易对手方的情况下，经债权人和债务人协定或法院裁定，就清偿债务的时间、金额或方式等重新达成协议的交易。

本准则中的债务重组涉及的债权和债务是指《企业会计准则第 22 号——金融工具确认和计量》规范的金融工具。

第三条　债务重组一般包括下列方式，或下列一种以上方式的组合：

（一）债务人以资产清偿债务；

（二）债务人将债务转为权益工具；

（三）除本条第一项和第二项以外，采用调整债务本金、改变债务利息、变更还款期限等方式修改债权和债务的其他条款，形成重组债权和重组债务。

第四条 本准则适用于所有债务重组，但下列各项适用其他相关会计准则：

（一）债务重组中涉及的债权、重组债权、债务、重组债务和其他金融工具的确认、计量和列报，分别适用《企业会计准则第 22 号——金融工具确认和计量》和《企业会计准则第 37 号——金融工具列报》。

（二）通过债务重组形成企业合并的，适用《企业会计准则第 20 号——企业合并》。

（三）债权人或债务人中的一方直接或间接对另一方持股且以股东身份进行债务重组的，或者债权人与债务人在债务重组前后均受同一方或相同的多方最终控制，且该债务重组的交易实质是债权人或债务人进行了权益性分配或接受了权益性投入的，适用权益性交易的有关会计处理规定。

第二章 债权人的会计处理

第五条 以资产清偿债务或者将债务转为权益工具方式进行债务重组的，债权人应当在相关资产符合其定义和确认条件时予以确认。

第六条 以资产清偿债务方式进行债务重组的，债权人初始确认受让的金融资产以外的资产时，应当按照下列原则以成本计量：

存货的成本，包括放弃债权的公允价值和使该资产达到当前位置和状态所发生的可直接归属于该资产的税金、运输费、装卸费、保险费等其他成本。

对联营企业或合营企业投资的成本，包括放弃债权的公允价值和可直接归属于该资产的税金等其他成本。

投资性房地产的成本，包括放弃债权的公允价值和可直接归属于该资产的税金等其他成本。

固定资产的成本，包括放弃债权的公允价值和使该资产达到预定可使用状态前所发生的可直接归属于该资产的税金、运输费、装卸费、安装费、专业人员服务费等其他成本。

生物资产的成本，包括放弃债权的公允价值和可直接归属于该资产的税金、运输费、保险费等其他成本。

无形资产的成本，包括放弃债权的公允价值和可直接归属于使该资产达到预定用途所发生的税金等其他成本。

放弃债权的公允价值与账面价值之间的差额，应当计入当期损益。

第七条 将债务转为权益工具方式进行债务重组导致债权人将债权转为对联营企业或合营企业的权益性投资的，债权人应当按照本准则第六条的规定计量其初始投资成本。放弃债权的公允价值与账面价值之间的差额，应当计入当期损益。

第八条 采用修改其他条款方式进行债务重组的，债权人应当按照《企业会计准则第22号——金融工具确认和计量》的规定，确认和计量重组债权。

第九条 以多项资产清偿债务或者组合方式进行债务重组的，债权人应当首先按照《企业会计准则第22号——金融工具确认和计量》的规定确认和计量受让的金融资产和重组债权，然后按照受让的金融资产以外的各项资产的公允价值比例，对放弃债权的公允价值扣除受让金融资产和重组债权确认金额后的净额进行分配，并以此为基础按照本准则第六条的规定分别确定各项资产的成本。放弃债权的公允价值与账面价值之间的差额，应当计入当期损益。

第三章 债务人的会计处理

第十条 以资产清偿债务方式进行债务重组的，债务人应当在相关资产和所清偿债务符合终止确认条件时予以终止确认，所清偿债务账面价值与转让资产账面价值之间的差额计入当期损益。

第十一条 将债务转为权益工具方式进行债务重组的，债务人应当在所清偿债务符合终止确认条件时予以终止确认。债务人初始确认权益工具时应当按照权益工具的公允价值计量，权益工具的公允价值不能可靠计量的，应当按照所清偿债务的公允价值计量。所清偿债务账面价值与权益工具确认金额之间的差额，应当计入当期损益。

第十二条 采用修改其他条款方式进行债务重组的，债务人应当按照《企业会计准则第22号——金融工具确认和计量》和《企业会计准则第37号——金融工具列报》的规定，确认和计量重组债务。

第十三条 以多项资产清偿债务或者组合方式进行债务重组的，债务人应当按照本准则第十一条和第十二条的规定确认和计量权益工具和重组债务，所清偿债务的账面价值与转让资产的账面价值以及权益工具和重组债务的确认金额之和的差额，应当计入当期损益。

第四章 披 露

第十四条 债权人应当在附注中披露与债务重组有关的下列信息：

（一）根据债务重组方式，分组披露债权账面价值和债务重组相关损益。

（二）债务重组导致的对联营企业或合营企业的权益性投资增加额，以及该投资占联营企业或合营企业股份总额的比例。

第十五条 债务人应当在附注中披露与债务重组有关的下列信息：

（一）根据债务重组方式，分组披露债务账面价值和债务重组相关损益。

（二）债务重组导致的股本等所有者权益的增加额。

第五章 衔接规定

第十六条 企业对 2019 年 1 月 1 日至本准则施行日之间发生的债务重组，应根据本准则进行调整。企业对 2019 年 1 月 1 日之前发生的债务重组，不需要按照本准则的规定进行追溯调整。

第六章 附则

第十七条 本准则自 2019 年 6 月 17 日起施行。

第十八条 2006 年 2 月 15 日财政部印发的《财政部关于印发〈企业会计准则第 1 号——存货〉等 38 项具体准则的通知》（财会〔2006〕3 号）中的《企业会计准则第 12 号——债务重组》同时废止。

财政部此前发布的有关债务重组会计处理规定与本准则不一致的，以本准则为准。

附录二

《企业会计准则第12号——债务重组》修订说明

一、本准则的修订背景

2006年，我部发布了《企业会计准则第12号——债务重组》（财会〔2006〕3号，以下简称原准则）及其应用指南，原准则对于规范实务中的债务重组交易起到很好的指导作用。随着经济业务日益复杂，原准则及其应用指南在实施中存在的问题逐渐显现，有必要对原准则进行相应修订。修订原准则的主要原因包括：

一是保持准则体系的内在协调。2017年，我部发布新的《企业会计准则第22号——金融工具确认和计量》《企业会计准则第23号——金融资产转移》《企业会计准则第37号——金融工具列报》（以下简称新金融工具准则）等准则，对相关业务提出新的规范要求。为使债务重组业务在会计处理原则上与新发布的上述会计准则保持一致，有必要修订原准则。

二是改进实务。在以往的准则执行过程中，由于原准则与金融工具相关准则存在交叉，导致实务应用中存在分歧，造成准则实施的随意性。为便于实务操作和确保准则有效实施，有必要修订原准则。

三是避免对多项准则反复修订。原准则中包括了多项现有其他准则中未予规范的会计处理原则，具体包括如何确定通过债务重组取得的存货、长期股权投资、固定资产、无形资产、投资性房地产、生物资产等资产的初始确认金额，如何确定债务转为权益工具情况下权益工具的初始确认金额，如何进行与债务重组有关的披露等。如果废止原准则，需要逐一修订存货、长期股权投资、投资性房地产、固定资产、生物资产、无形资产、金融工具等多项准则。为保持准则体系的稳定性，避免反复修订其他准则，有必要修订而不宜废止原准则。

为提高会计信息质量，进一步规范债务重组的确认、计量和相关信息的披露，切实解决我国企业相关会计实务问题，我们结合我国实际，同时保持与国际财务报告准则的持续趋同，对原准则进行了修订，并于2019年5月发布了《企业会计准则第12号——债务重组》（财会〔2019〕9号，以下简称本准则）。

二、本准则的修订过程

基于我国企业和资本市场发展的实际需要，我们于2018年初启动了本准则的研究和修订工作，主要完成了以下工作：一是梳理研究相关准则。我们对分散在我国不同准则、应用指南、解释和讲解中的规范进行了收集整理，研究了现行国际财务报告准则、美国公认会计原则的有关规定，并对相关规定进行了比较研究。与国际会计准则理事会沟通，就本准则具体技术问题进行深入探讨。二是召开准则修订座谈会。听取来自监管机构、会计师事务所、企业等方面的意见。三是开展实地调研。向存在相关业务的企业和审计相关业务的会计师事务所了解情况，收集整理典型案例。四是公开征求意见。在深入调查研究和广泛听取意见的基础上，我们对准则修订的初稿进行反复修改完善，形成本准则征求意见稿，于 2019 年 1 月 9 日印发，向社会公开征求意见。截至 2019 年 4 月 3 日，我们共收到 69 份反馈意见。反馈意见总体支持对原准则进行修订，同时对债务重组定义和方式、相关资产的确认和计量原则、债务重组的披露、衔接规定等提出了很好的意见和建议。我们认真研究并充分吸收了反馈意见提出的意见和建议，对征求意见稿进行了修订完善，并按照我国企业会计准则制定程序依次形成准则草案、送审稿，经批准通过后正式发布。

本准则于 2019 年 5 月 16 日正式发布，自 2019 年 6 月 17 日起在所有执行企业会计准则的企业范围内执行。下一步，我们还将做好准则的解释、宣传和培训工作。

三、关于本准则的主要变化

为满足广大利益相关者需求，维护会计准则体系内在协调一致性，利于准则实施和落地，我们主要在以下方面对原准则进行了修订：

一是修改债务重组的定义，债务重组中涉及的债权和债务与其他金融工具不作区别对待。

二是将重组债权和债务的会计处理规定索引至新金融工具准则，从而与新金融工具准则协调一致，同时删除关于或有应收、应付金额遵循或有事项准则的规定。

三是对于债务重组采用债务人以资产清偿债务方式的，债权人初始确认受让的金融资产以外的资产时以成本计量。

四是不再区分债务重组利得、损失和资产处置损益，合并作为债务重组相关损益。

本准则发布后，2006 年 2 月 15 日财政部印发的《财政部关于印发〈企业会计准则第 1 号——存货〉等 38 项具体准则的通知》(财会〔2006〕3 号)中的《企业会计准则第 12 号——债务准则》以及相关解释等同时废止,财政部此前发布的有关债务重组会计处理规定与本准则不一致的,以本准则为准。

四、关于本准则的适用范围

本准则中的债务重组涉及的债权和债务是指《企业会计准则第 22 号——金融工具确认和计量》规范的金融工具,相关债权、重组债权、债务、重组债务和其他金融工具的确认、计量和列报,应当分别适用《企业会计准则第 22 号——金融工具确认和计量》和《企业会计准则第 37 号——金融工具列报》。

由于《企业会计准则第 20 号——企业合并》对确定企业合并成本等问题作出了详尽规范,因此对于通过债务重组形成企业合并的交易,应当适用《企业会计准则第 20 号——企业合并》。对于属于权益性交易的债务重组,也不在本准则规范范围内,而应当适用权益性交易的有关会计处理规定。

五、关于债务重组的定义

原准则以"债务人发生财务困难"、债权人"作出让步"为标准,将债务重组涉及的债权和债务区别于其他金融工具,限定在较小范围内。但原准则、应用指南和讲解同时规定,债权和债务与金融工具的确认和计量原则一致,因此,将债务重组涉及的债权和债务区别于其他金融工具加以定义不再具有实际意义,反而可能导致因准则适用范围不清晰引起误读,或者因交易无法满足债务重组定义而无法适用本准则。据实务界反映,如果维持原债务重组定义又不提供有关划分标准的具体指引，实务中将很难操作，且一些案例可能因不符合"债务人发生财务困难"和债权人"作出让步"的条件而无法适用本准则，导致会计处理缺乏依据。因此，本准则修改了债务重组的定义，不要求债务重组发生在"债务人发生财务困难"、债权人"作出让步"的背景下。债务重组涉及的相关债权、重组债权、债务和重组债务，均应适用《企业会计准则第 22 号——金融工具确认和计量》和《企业会计准则第 37 号——金融工具列报》。

六、关于债权人受让资产的初始计量

按照原准则，债权人受让资产应当以公允价值计量，但实务界普遍反映，受让资产的公允价值很难取得且存在较大操作空间。该规定与现行一些其他监管规定也存在矛盾。现行准则体系中，以其他方式取得的存货、长期股权投资、投资性房地产、固定资产、生物资产、无形资产等金融资产以外的资产一般以成本计量。为与其他准则的原则保持一致，且避免实务中操纵利润的行为，本准则规定债权人受让金融资产以外的资产应当以成本计量。

七、关于债务重组相关损益

按照原准则，债务人应当区分债务重组损益和资产处置损益，其中，重组债务的账面价值与转让的非现金资产公允价值之间的差额作为债务重组损益，转让的非现金资产公允价值与其账面价值之间的差额作为资产处置损益。按照该规定，债务人需要确定非现金资产的公允价值，实务中有些偿债资产的公允价值极难获得且需要花费较大成本，对债务重组损益和资产处置损益作出区分后均反映在相关损益中,报表使用者从该信息中获得的收益极为有限。因此,本准则不要求区分债务重组损益和资产处置损益,而是合并作为债务重组相关损益反映。

八、关于多项资产清偿债务的处置损益

按照原准则,对于以多项资产清偿债务的情况,债务人应当区分不同资产类型,将损益总额分配至不同资产的处置损益中分别确认,具体表现为固定资产的处置损益、长期股权投资的投资收益、存货的主营业务收入和主营业务成本、无形资产的其他业务收入和其他业务成本等。按照该规定,企业需要分别确定转让的非现金资产公允价值。实务中企业确定上述公允价值有时存在较大难度,因此往往采用简便做法,将处置损益总额合并反映。鉴于以多项资产清偿债务方式进行的债务重组一般属于不经常发生的交易,本准则不要求区分不同资产类型确认处置损益,而是将相关损益合并反映。